パリパリ、しっとり、失敗知らず

「バーミキュラ」で パンを焼く

高橋雅子

PARCO出版

はじめに

高橋雅子

　自他ともに認める「鍋好き」。これまで、いくつのお鍋を買ったことでしょう？「もう自分には必要ないな」とお譲りしたり、パントリーの片隅が定位置になってあまり使わなくなってしまったものも数知れず……。

　結婚を機に自分の台所を持ってから、20年。この頃やっと、少しずつ、自分にはどんなお鍋が必要かわかってきました。さっとゆでものをしたいときは、軽くてすぐにお湯の沸くアルミ製の雪平鍋。蒸し煮や蒸し焼きにはステンレスの多層鍋。コトコト煮込むには厚手のホーロー鍋。フッ素樹脂加工の鍋や、圧力鍋もよく使いますし、いろいろな鍋を、使いこなせるようになってきたかもしれません。

　「バーミキュラ」のお鍋を知って、「欲しいな、使いたいな」と思ってから、実際に我が家に迎えるまでには、かなりの月日が流れました（納品待ちの時間が長かったのです）。待って待って、やっと出会えたバーミキュラ。ずっしりと重いボディ。不思議なふたの形。グリルパンのように凹凸の入った底面。やさしく均等に熱を行き渡らせ、温度をキープする保温性能。使えば使うほど、計算しつくされたその鍋の虜になりました。実は、日本製のお鍋であることを、私はずいぶん経ってから知りました（取り扱い説明書をよく読まないのです……）。そして、日本の技術の素晴らしさに納得し、同時に誇らしい気持ちにもなりました。

　毎日の食事作りに使っているうちに、ふと思ったのです。「これだけお料理が美味しく作れるのだから、パンが作れるかもしれない」。思いついたら、いてもたってもいられない。その日からバーミキュラを使ってパンを焼き始めました。

　そして、予想通り。バーミキュラの気密性と熱伝導は、パンの型としてたいへん優秀でした。ちぎりパンは、高さが出てふんわり感がさらにアップ。クープが食感と見た目を左右するカンパーニュも、バーミキュラがあればバリッと美しく焼けました。オイルをたっぷり使うフォカッチャや水分たっぷりのハードパンの、素材の美味しさをぎゅっと閉じ込めたような仕上がりにも、とても驚かされました。

　さらに、やさしい熱の伝わり方、保温性の高さから、パン生地を発酵させるのにもぴったりだったのです！！

　日々、バーミキュラでパンを焼きながら感じたのは、この鍋が発酵や成形といったパン作りの難しい部分をしっかりサポートしてくれるということ。だから、パン作りの経験者はもちろん、初めてパンを焼く方や経験の浅い方、家庭で簡単にパンを作ってみたい方にこそ、挑戦していただきたいのです。

　いろんなパンが、従来のパン作りより、より手軽に気軽に上手に作れるように考えました。たくさんの方が、この本とバーミキュラで美味しいパンが焼けるようになりますように。

Contents

「バーミキュラ」でパンを焼く

2　はじめに

6　バーミキュラパンの基本工程

13　オーブンシートの切り方

14　この本でご紹介するパンの基本材料

16　バーミキュラを知ろう

19　バーミキュラを使うときの注意点

20　この本で使用するバーミキュラのサイズ

第一章
Fluffy Bread ……… 21
ふわふわパン

基本のふわふわパン生地の作り方 ……… 22

28　**枝豆パン**

30　**ベーコンペッパー**

32　**にんじんジュースのパン**

33　**ココアのチェッカーボード**

36　**ごまごまパン**

38　**ヨーグルトオレンジピール**

40　**アップルリング**

41　**ビッグメロンパン**

46　**シナモンロール**

48　**豆乳黒糖くるみパン**

50　**ちぎりカレーパン**

第二章
French Country Bread ……… 53
カンパーニュ

基本のカンパーニュの作り方 ……… 54

58　チーズカンパーニュ

60　チョコいちじくカンパーニュ

61　セーグルフリュイ
　　ミルフィーユ

第三章
Focaccia Bread ……… 65
フォカッチャ

基本のフォカッチャの作り方 ……… 66

70　焼き野菜のバルサミコ風味フォカッチャ

72　キャベツ・アンチョビ・ガーリック

74　クリームチーズとマンゴー

76　おろし玉ねぎとローズマリー

77　ぶどうとバターの甘いフォカッチャ

第四章
Moist and Soft Bread ……… 79
しっとりもちもち
ハードパン

基本のしっとりもちもち
ハードパンの作り方 ……… 80

84　くるみ

86　いちごホワイトチョコ

88　さつまいもとブルーチーズ
　　ドライフィグと黒こしょう

90　抹茶と大納言

91　コーンとフライドオニオン
　　トマトとサラミ

94　パン焼きで困ったら……？

ここでは、ふわふわパン生地を焼くときの
大まかな流れを説明します。
フォカッチャやカンパーニュなどは、
少しずつ製法が異なってきますが、
混ぜたり発酵させたりの基本作業は
変わりません。
粉と水とイーストが、ふんわりとふくらんだ
美味しいパンに変身するまでの
一連の工程を覚えて、
パン作りの感覚をつかんでください。

バーミキュラパンの基本工程

粉ふるい

2 種類以上の粉を使用するときは、
合わせてふるいます。

道具の説明

料理作りとは少し違う作業があるパン作りは、
専用の道具が必要なこともあります。
キッチンにあるいつものツールで代用もできますが、
計量スプーン、ボウルやパンマットなどは、
揃えておいた方が作業が楽になり、
仕上がりもきれいです。

デジタルスケール

ボウルをのせたまま計れる
2kg 計が便利です。

基本工程······ **1** 混ぜる

大ボウル（直径27cm程度）に水分、糖分、インスタントドライイースト、
塩、小麦粉を加えて混ぜていきます。
最初はカードを使い、混ざってきたら手でぐるぐるとかき混ぜます。
水分と小麦粉が混ざり合えばOK。台に出してこねる作業に移ります。

小さじ用計量スプーン
イーストを計るのに使います。

カード
生地を混ぜる、取り出す、
分割するときの必須アイテム。

基本工程……②　こねる

清潔な作業台に生地を取り出し、
手の付け根を使って押し付けるように引きのばすことを繰り返します。
バターもここで加えます。
こねていくうちに、ドロドロだった生地がつるんとなめらかになっていきます。

※ここまでの、材料を混ぜてこねる作業はホームベーカリーを使うこともできます
　（「しっとりもちもちハードパン」は、こねないので使えません）。各章の始めに
　ある「基本の作り方」をご参照ください（エムケー精工のホームベーカリーを使
　用した場合の目安です。機種によってこねの強度が異なりますので、手ごねの写
　真を参考にしてこね上げてください）。

発酵前 　　　　　　　　　　　　　発酵後

基本工程……　**3**　一次発酵

パンの生地は、イーストの力で発酵し、ふくらんで大きくなります。
最初の発酵が "一次発酵"。オーブンの発酵機能などを利用して、
イーストが活発に働く 30 〜 32℃を保ち、90 分ほどおきましょう。
生地をボウルに入れて、乾かないようにラップをかけておきます。

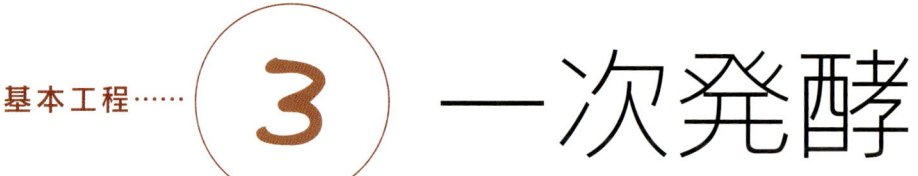

PC100 ボウル（ポリカーボネートボウル）
17cm（900ml）

本書では「小ボウル」と呼んでいます。
透明なので、生地の発酵具合がよく見えます。
※東京・合羽橋商店街の浅井商店
　（TEL：03-3841-4154）などで購入できます。

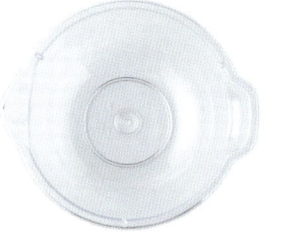

タイマー

発酵や焼成の時間を管理します。

めん棒

生地を均一にのばすときに使います。

パンマット

パンを分割したり、
具を混ぜ込むときに必要です。

基本工程······ ④ # 分割・成形

一次発酵が終了したら、焼くための準備。
ちぎりパンを必要な数に等分して丸めたり、具材を混ぜ込むこともあります。
そして、オーブンシートを敷いたバーミキュラへ入れます。

オーブンシート（幅30〜35cm）

鍋の底と側面にパンがくっつかないように、
敷きます。

基本工程……5 最終発酵

最終発酵の管理がラクなことも、バーミキュラで焼くパンの大きな利点です。
ふたをして、ごく弱火にかけて、3分加熱。
鍋ごとヒートキーパーに入れて（なければブランケットなどにくるんで）
20分で最終発酵完了です。

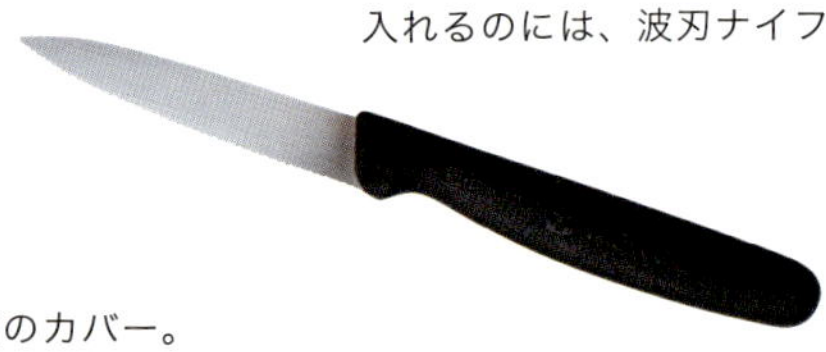

クープ用ナイフ

カンパーニュにきれいな
割れ目（クープ）を
入れるのには、波刃ナイフを。

ヒートキーパー

バーミキュラ純正の保温調理用のカバー。
パンの発酵に最適です。

茶こし

打ち粉や仕上げ用の粉を、
均等にふることができます。

基本工程……**6** 焼成

最終発酵が終了したら、
190℃に予熱したオーブンに鍋ごと入れて焼きます。
ふくらんで、きれいな焼き色がついたら出来上がり！

軍手

鍋の出し入れやふたの開閉時に
やけどを防ぐため、
両手に2枚重ねしましょう。

オーブンのこと

家庭の台所設備で作ることを前提に、いつもレシピを考えています。この本で紹介するパンは、すべてドイツの「Miele（ミーレ）」の電気オーブンを使用しましたが、通常の電子レンジ機能付きのオーブンや、ガスオーブンでも問題なく焼くことができます。
オーブンのメーカーと機種によって、焼き上がりに違いが出ることがあるので、温度や時間を調整しながら、何度か試してみることが大切。ご自宅のオーブンの特徴を知って、使いこなせるようになれば、もっとパン作りが楽しくなります。どのオーブンにもいえるのは"予熱"の大切さ。電気オーブンの場合は焼く20〜30分前には必ず予熱をスタートさせてください。

オーブンシートの切り方

バーミキュラでパンを焼くときの必須アイテムがオーブンシート。
生地が底にこげ付くことを防ぎ、出し入れをラクにしてくれる、お役立ちアイテムです。
ふわふわパンは鍋の側面にしっかりと沿わせたいので花のような形に、
それ以外の3種類のパンは対角線上に切り込みを入れて使用します。

ふわふわパン

1
オーブンシートを30〜35cmの正方形に切り、半分→半分→半分→半分と4回折る。はみ出た部分をハサミで切る。

2
鍋の中心にシートの先端を合わせて、縁に沿って折り目をつける。

3
袋状になっているところを、折り目のところまで切り込みを入れる。開いて、残りも折り目に沿って切る。

4
完成。成形した生地を入れる前に、鍋の中にセットしておく。

カンパーニュ、フォカッチャ、しっとりもちもちハードパン

1
オーブンシートを30〜35cmの正方形に切り、中心に生地をおく。シートの四隅から中心に向かって、生地の手前まで切り込みを入れる。

2
シートの切り込みを重ねて持ち、シートごと鍋の中に入れる。

3
鍋からはみ出たシートを切り取る。

4
完成。ふたをして、最終発酵を始める。

この本でご紹介するパンの基本材料

家庭でシンプルなパンを焼くのに必要な材料は、5つだけ。
大型スーパーや製菓製パン材料店で手に入ります。
"なぜ入れるの？""入れるとどうなるの？"をちゃんと知って、
おうちのパン作りをステップアップさせていきましょう。

小麦粉

パンを作るときは一般的に、タンパク質を多く含む強力粉や準強力粉を使用します。

この本ではすべてのレシピを北海道産の強力粉「春よ恋」をメインに作りました。伸びがよくて扱いやすく、独特のもっちり感、ふんわり感のある仕上がりになるので、バーミキュラで焼くパンに最適。「春よ恋」以外の小麦粉を使用する場合は、北海道産の「ゆめ

ちから」や、手に入りやすい「カメリア」もおすすめです。

強力粉はダマになりにくいので、ふるわずに使います。全粒粉など他の粉類と合わせた生地の場合は、ムラなく混ぜるためにふるってください。夏場にカンパーニュやしっとりもちもちハードパンを焼く場合、粉は事前に計量し、冷蔵庫で冷やしておくのがおすすめです。

インスタントドライイースト

パン生地を発酵させ、ふんわりと空気を含んだ仕上がりにしてくれるのが「イースト」。酵母菌の一種で、パン生地の中の糖分を栄養源として増えて、炭酸ガスを発生させます。このときに出るガスで、生地はふくらみます。予備発酵が不要で、直接生地に混ぜ入れられる「インスタントドライイースト」が最も手軽なので、本書ではこれを使用しています。

基本となるイーストの分量は「小さじ1/2（5ml、約1.5g）」。短時間で発酵させてすぐに焼くものと、冷蔵庫に入れてひと晩発酵させるものがありますが、イーストの基本量は同

じです。温度、時間、イーストの量を微調整して最適なバランスを見つけてください。

水

インスタントドライイーストを使用するパンの場合は、日本の水道水（軟水）を使って作ります。輸入ミネラルウォーターは、硬度が高いものもあるので使わないでください。

こねる前の水温も大切。大まかな目安は、ふわふわパンとフォカッチャで春・秋38℃、夏24℃、冬44℃。カンパーニュとしっとりもちもちハードパンで春・秋23℃、夏9℃、冬29℃です。ホームベーカリーで仕込む場合は、もう少し低い温度にした方がいいでしょう。水温の詳細な計算式はP.94に記してありますので、ぜひ目を通してください。

糖分

砂糖、はちみつなど、甘みのある材料は、パン作りに欠かせません。イーストは糖分をエサにして、分解して発酵していくので、生地に糖分を加えないと、うまく発酵が進まないのです。

この本では、砂糖は「三温糖」、はちみつはクセのない「レンゲ蜂蜜」を使用しています。

砂糖　　　　　　　はちみつ

塩

生地に塩味をつけるのはもちろんのこと、生地のグルテンを引き締めたり、発酵が早く進みすぎることを防ぐなど、さまざまな働きをしてくれます。

本書では細かな顆粒の「瀬戸のほんじお」焼き塩タイプを使用しています。

バーミキュラを知ろう

愛知県に本社をおく鋳物メーカー「愛知ドビー」が作る、

メイド・イン・ジャパンの鋳物ホーロー鍋が「バーミキュラ」です。

鍋とふたとの密閉性が高く、無水調理も可能。

素材の旨みを逃さないから、野菜や肉料理はもちろんのこと、

パン作りにも威力を発揮してくれます。

密閉性

鍋本体とふたとの接合部分がしっかりとかみ合い、紙1枚も入らないほどの密閉性を保ちます。ふたをして調理すれば、素材のもつ水分が蒸気となり、鍋の中を循環しながら素材に火を通していきます。パンを焼くときにも生地の乾燥を防ぎ、焼き固まりによるクープの偏りも防ぎます。

熱伝導

熱伝導に優れた鋳物の上に、ホーローを3層でコーティング。調理時には、鍋中に強い遠赤外線が発生し、食材の組織を守りながら内側から加熱します。甘みと旨みを存分に引き出しながら、形くずれもありません。パンを焼けば、遠赤外線効果で薪窯で焼いたようなふっくらとした仕上がりに。

リブ底とふた裏の突起

鍋底とふた裏にも美味しくする秘密が。鍋底にはグリルパンのような凹凸があり、食材の接触面積が最小限になるように考えられています。これにより、こげ付きを防ぎ、じんわりと素材全体に火が通ります。さらにふたの裏の突起には調理中に水滴が溜まって、シャワーのように素材に降り注ぎ、スチーム効果を高めています。

ステンレス製つまみ

鍋のデザインのポイントでもあるつまみは、ステンレス製。耐熱温度は300℃で、鍋ごと高温のオーブンに入れても、壊れることはありません。調理時は熱くなるので、軍手またはオーブンミトンを必ず使用するようにしてください。

バーミキュラを使うときの注意点

■ 使用できる熱源は直火、IH、ハロゲンヒーター、オーブン（300℃まで）です。電子レンジは使用できません。

■ 調理中、調理後は、鍋本体、ふたの持ち手、ステンレス製のつまみがたいへん高温になります。やけどをしないようにオーブンミトンや軍手（2枚重ね）などをご使用ください。

■ 洗うときはやわらかいスポンジを使ってください。たわし、クレンザー、かたいスポンジはホーローを傷つけてしまいます。

■ 鍋のふたと本体がかみ合う部分は、密閉性を高めるためにホーローがかかっていません。サビが出ることがあるので、予防のために薄く食用油を塗ったり、洗ったあとはすぐに水気を拭き取るようにしてください。

この本で使用するバーミキュラのサイズ

この本でご紹介するパンのレシピは、直径 14cm、18cm、22cm のどれを使っても焼くことができます。

記載されている分量は、直径 18cm が基本となります。

異なるサイズのバーミキュラを使う場合は、下記の方法で計算してください。

＊焼き時間は 18cm を基準に、程よい焼き色がつくまで、
　様子を見ながら少し長くしたり短くしたりしてみてください。

大きく焼くとき

リング状に焼くとき

＊アップルリング、セーグルフリュイなどは
　18cm の分量で作り、22cm で焼きます。

直径 **22** cm

計算方法

$\left\{ \begin{array}{c} \text{直径 18cm の} \\ \text{分量} \end{array} \right\} \times 2$

直径 **14** cm

小さく焼くとき

計算方法

$\left\{ \begin{array}{c} \text{直径 18cm の} \\ \text{分量} \end{array} \right\} \div 2$

直径 **18** cm

基本サイズ

＊粉を 250 g 使用する、基本のレシピです。

「バーミキュラ」でパンを焼く

第一章
Fluffy Bread
ふわふわパン

気軽に作れてとびきり美味しい、ふわふわ食感のパン。
甘い、しょっぱい、お好みの具を混ぜ込んだ、
おやつにもぴったりのラインナップです。

材料 ──18cm 鍋使用

強力粉（春よ恋）…… 250 g

インスタントドライイースト
　　…… 小さじ 1/2

水 …… 100 g
牛乳 …… 80 g

三温糖 …… 12 g

塩 …… 4 g

バター（1cm 角に切る）…… 15 g

全卵の溶き卵（仕上げ用）…… 適量

基本のふわふわパン生地の作り方
Fluffy Bread

1.

● 大ボウルに水と牛乳を入れ、そこに三温糖→インスタントドライイースト→塩→粉の順に加える。

● カードで全体を大きく混ぜ、粉気がなくなってきたら手で混ぜる。

2.

● ひとまとまりになったら台に出し、生地を引きのばすようにしながら2分こねる。

3.

● まだ生地にムラがある状態でいったん生地を広げる。バターをのせて包み込み、引きのばすようにこねる。生地が均一になり表面がツルッとなめらかになるまで2〜3分こねる。

※ホームベーカリーでこねる場合は、パンケースに材料を順に入れてセットし、4分間こね、冷たいバターを加え、さらに2分間こねます。

4.

● こね上がった生地をひとまとめにする。表面の生地を下に送るようにして表面がなめらかになるように張らせ、下に集まった生地を指先でつまんでとじる。

● 小ボウル（容量900ml）に入れてラップ（または新品のシャワーキャップ）をする。オーブンの発酵機能などを使って、30〜32℃の場所に90分おき、一次発酵させる。

5. {一次発酵}

● 生地が小ボウルの9分目くらいまでふくらんだら、一次発酵完了。ボウルの内側に沿ってカードを差し入れ、側面に沿ってグルッと1周させて生地を取り出す。

6.

● 生地の重量を計って6で割り、カードで6分割して重さを等分にする（写真では各約75g）。

※カードは押し切るように使い、先に生地をはがしてからカードを動かすと扱いやすいです。前後に動かすと生地をいためるので注意してください。

25

7.

● 生地を1つずつ手で丸め直し、下に入れ込むようにして表面をぴんと張らせる。

8.

● 放射状に切り込みを入れたオーブンシート（作り方はP.13参照）を敷いた鍋に生地を入れる。中心に1個入れ、周りに等間隔に残りの5個をおく。

9. 【最終発酵】

● 最終発酵させる。鍋にふたをしてごく弱火で3分加熱し、ヒートキーパーに20分入れる。

※ヒートキーパーがない場合は、厚手のタオルやブランケットでくるむ。底が熱くなっているので、こげ付きに注意してください。

10.

● 発酵の終わった生地の表面に、刷毛で溶き卵を塗る。190℃に予熱したオーブンに、ふたをしないで鍋ごと入れ、28分焼く。

ふわふわパン
Fluffy Bread 枝豆パン

枝豆の水玉模様が可愛いパン。枝豆を生地に混ぜ込む方法は、フィリング入りパンの基本になります。
ここでマスターすれば、好きな具材でアレンジできるようになりますよ。

材料 ——18cm 鍋 1 台分

強力粉（春よ恋）…… 250 g

インスタントドライイースト
…… 小さじ 1/2

水 …… 100 g
牛乳 …… 80 g

三温糖 …… 12 g

塩 …… 4 g

バター（1cm 角に切る）…… 15 g

フィリング

ゆで枝豆（さやから出した正味）＊
…… 75 g

＊枝豆は、冷凍を使用してもよい。

米粉（仕上げ用）…… 適量

準備

鍋に放射状に切り込みを入れたオーブンシートを敷く。
—— 作り方 P.13 参照

作り方

1. 大ボウルに水と牛乳を入れ、三温糖→インスタントドライイースト→塩→粉の順に加える。カードで全体を大きく混ぜ、粉気がなくなってきたら手で混ぜる。ひとまとまりになったら台に出し、生地を引きのばしながら 2 分こねる。

2. まだ生地にムラがある状態でいったん生地を広げる。バターをのせて包み込み、引きのばすようにこねる。表面がなめらかになるまで 2〜3 分こねる。

3. ┌混ぜ込み┐
   台の上に枝豆の半量をおき、こね上がった生地を広げてその上に残りの枝豆をおく。—— *a*　カードで生地を半分に切って重ね、軽く押さえてなじませる。—— *b.c*
   同じように半分に切って重ねる作業を 10 回繰り返す。

4. 生地をまとめる。表面の生地を下に入れ込むようにしてぴんと張らせ、下に集まった生地を指先でつまんでとじる。

5. ┌一次発酵┐ …… P.24〜25 参照

6. 生地を手で丸め直し、下に入れ込むようにして表面をぴんと張らせる。準備した鍋に生地を入れる。

7. ┌最終発酵┐ …… P.27 参照

8. 焼く前に米粉を茶こしでふり、190℃に予熱したオーブンで 28 分焼く。

29

ふわふわパン
Fluffy Bread **ベーコンペッパー**

具材の混ぜ込み方法は「枝豆パン」と同じです。ベーコンのスモーキーな香りにこしょうの刺激……。
おやつとしてはもちろんのこと、ビールやワインのおつまみにもなってしまいます。

材料——18cm 鍋 1 台分

強力粉（春よ恋）…… 250 g

インスタントドライイースト
　　…… 小さじ 1/2

水 …… 100 g
牛乳 …… 80 g

三温糖 …… 12 g

塩 …… 4 g

バター（1 cm 角に切る）…… 15 g

フィリング

ベーコン（みじん切り）…… 50 g
粗挽き黒こしょう …… 小さじ 1

米粉（仕上げ用）…… 適量

準備

鍋に放射状に切り込みを入れたオーブンシートを敷く。
　　—— 作り方 P.13 参照

作り方

1. 大ボウルに水と牛乳を入れ、三温糖→インスタントドライイースト→塩→粉の順に加える。カードで全体を大きく混ぜ、粉気がなくなってきたら手で混ぜる。ひとまとまりになったら台に出し、生地を引きのばしながら 2 分こねる。

2. まだ生地にムラがある状態でいったん生地を広げる。バターをのせて包み込み、引きのばすようにこねる。表面がなめらかになるまで 2〜3 分こねる。

3. **混ぜ込み** …… P.28「枝豆パン」の写真参照
台の上にベーコンと粗挽き黒こしょうの半量をおき、こね上がった生地を広げてその上に残りのフィリングをおく。カードで生地を半分に切って重ね、軽く押さえてなじませる。同じように半分に切って重ねる作業を 10 回繰り返す。最後に軽くこねて、全体をなじませる。

4. 生地をまとめる。表面の生地を下に入れ込むようにしてぴんと張らせ、下に集まった生地を指先でつまんでとじる。

5. **一次発酵** …… P.24〜25 参照

6. 生地を取り出して 2 分割する。それぞれを丸め直し、下に入れ込むようにして表面をぴんと張らせる。とじ目を下にして、準備した鍋に生地を入れる。

7. **最終発酵** …… P.27 参照

8. 焼く前に米粉を茶こしでふり、190℃に予熱したオーブンで 28 分焼く。

ふわふわパン
Fluffy Bread にんじんジュースのパン

栄養満点ビタミンカラーのパンは食卓にあるだけで元気になれそう。
サンドウィッチにすると華やかになります。
このパンのように水の入らないレシピのときは、イーストを温水で溶いてから加えるようにしてください。

ふわふわパン
Fluffy Bread **ココアのチェッカーボード**

これぞちぎりパンといったこのルックス。
切るたびに表情が違うのも楽しいですし、好きな色をちぎって食べるのもまた楽しい。
このパンだけは生地量が多くなっているため、他のパンと焼き時間が違いますのでご注意を。

ふわふわパン Fluffy Bread　にんじんジュースのパン

材料——18cm 鍋 1 台分

強力粉（春よ恋）…… 250 g

インスタントドライイースト
　…… 小さじ 1/2

温水 …… 小さじ 1

にんじんジュース …… 165 g

三温糖 …… 12 g

塩 …… 4 g

バター（1cm 角に切る）…… 15 g

米粉（仕上げ用）…… 適量

準備

鍋に放射状に切り込みを入れたオーブンシートを敷く。

　—— 作り方 P.13 参照

作り方

1. パン生地を作る。インスタントドライイーストを温水に溶かしておく。大ボウルににんじんジュースを入れ、三温糖→イースト水→塩→粉の順に加える。カードで全体を大きく混ぜ、粉気がなくなってきたら手で混ぜる。ひとまとまりになったら台に出し、生地を引きのばしながら 2 分こねる。

2. まだ生地にムラがある状態でいったん生地を広げる。バターをのせて包み込み、引きのばすようにこねる。表面がなめらかになるまで 2 〜 3 分こねる。

3. 生地をまとめる。表面の生地を下に入れ込むようにしてぴんと張らせ、下に集まった生地を指先でつまんでとじる。

4. **一次発酵** …… P.24 〜 25 参照

5. 生地を取り出して 3 分割にする。それぞれを丸め直し、とじ目を下にして、準備した鍋に入れる。

6. **最終発酵** …… P.27 参照

7. 焼く前に米粉を茶こしでふり、190℃に予熱したオーブンで 28 分焼く。

ふわふわパン
Fluffy Bread

ココアのチェッカーボード

材料 —— 18cm 鍋 1 台分

ふわふわパン生地
（基本の作り方と分量が異なるので注意）

強力粉（春よ恋） …… 188 g

インスタントドライイースト
 …… 小さじ 1/3

水 …… 75 g

牛乳 …… 60 g

三温糖 …… 9 g

塩 …… 3 g

バター（1cm 角に切る） …… 11 g

ココア生地
上記の生地 1 単位
 ＋ココアパウダー …… 6 g

全卵の溶き卵（仕上げ用） …… 適量

準備

鍋に放射状に切り込みを入れたオーブンシートを敷く。
 —— 作り方 P.13 参照

作り方

1. 生地を作る。ふわふわパン生地は P.22 ～ 25 の工程 5 までと同様に、ココア生地は粉にココアパウダーを混ぜてふるい、同様に工程 5 まで作る。

2. 生地を計量してそれぞれ 10 等分し、丸め直す。

3. 準備した鍋に 2 色の生地を交互に各 4 個ずつを側面に沿って均等に並べる。中心に各 1 個を入れる。2 段目は 1 段目の白い生地の上にココア生地、ココア生地の上に白い生地をのせる。

4. **最終発酵** …… P.27 参照

5. 表面に溶き卵を塗り、190℃に予熱したオーブンに入れる。190℃で 20 分焼き、170℃に下げて、さらに 15 分焼く。

※裏表紙のパン **3 段重ねの場合**

ふわふわパン生地（P.22 の分量）
 …… 1 単位

ココア生地
P.22 のふわふわパン生地 …… 1 単位
 ＋ココアパウダー …… 8 g

＊生地を作り、発酵後それぞれ 18 等分する。
＊上記工程 **3** と同様に 2 色を交互に、1 段につき 12 個ずつ並べ、3 段重ねにする。
＊焼成時間は、190℃で 20 分、170℃に下げてさらに 18 分。

ふわふわパン
Fluffy Bread ごまごまパン

ごまの香ばしい香りとコクが広がります。
黒練りごまに粒の白ごまを加えましたが、ごまの色はお好みで変更しても作れます。
たっぷりのごま×ごまを楽しんで！

材料 —— 18cm 鍋 1 台分

強力粉（春よ恋）……… 250 g
インスタントドライイースト
　　　　……… 小さじ 1/2
　水 ……… 100 g
　黒練りごま ……… 35 g
　牛乳 ……… 80 g
三温糖 ……… 12 g
塩 ……… 4 g
バター（1cm 角に切る）……… 15 g
白ごま（粒）……… 15 g

米粉（仕上げ用）……… 適量

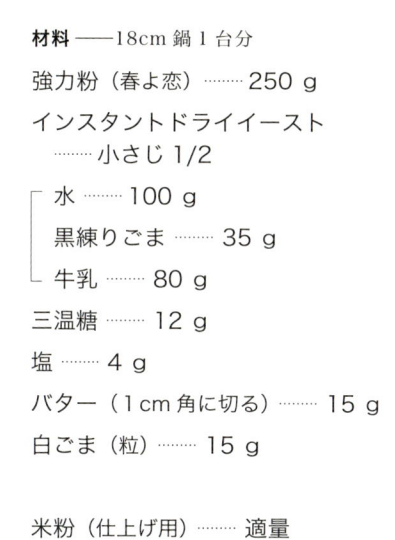

準備

鍋に放射状に切り込みを入れたオーブンシートを敷く。
　—— 作り方 P.13 参照

作り方

1. 練りごまを水に溶かす。
   ※ かたければ様子を見ながら電子レンジにかけて、やわらかくしてから混ぜてください。

2. 大ボウルに **1** と牛乳を入れ、三温糖→インスタントドライイースト→塩→粉の順に加える。カードで全体を大きく混ぜ、粉気がなくなってきたら手で混ぜる。ひとまとまりになったら台に出し、生地を引きのばしながら 2 分こねる。

3. まだ生地にムラがある状態でいったん生地を広げる。バターと白ごまをのせて包み込み、引きのばすようにこねる。表面がなめらかになるまで 2〜3 分こねる。

4. 生地をまとめる。表面の生地を下に入れ込むようにしてぴんと張らせ、下に集まった生地を指先でつまんでとじる。

5. 一次発酵 ……P.24〜25 参照

6. 生地を取り出して 4 分割して丸め直す。とじ目を下にして、準備した鍋に入れる。—— *a*

7. 最終発酵 ……P.27 参照

8. 焼く前に米粉を茶こしでふり、190℃に予熱したオーブンで 28 分焼く。

ふわふわパン
Fluffy Bread # ヨーグルトオレンジピール

ヨーグルトを使った生地はちょっとヒキのある食感に焼き上がります。
さわやかな酸味もあって、クランベリーなど他のドライフルーツも合いますよ。

材料——18cm 鍋 1 台分

強力粉（春よ恋）…… 250 g

インスタントドライイースト
　　…… 小さじ 1/2

水 …… 95 g
プレーンヨーグルト …… 100 g

三温糖 …… 12 g

塩 …… 4 g

バター（1cm 角に切る）…… 15 g

フィリング

　オレンジピール（刻む）…… 35 g

米粉（仕上げ用）…… 適量

準備

鍋に放射状に切り込みを入れたオーブンシートを敷く。
　　—— 作り方 P.13 参照

作り方

1. 大ボウルに水とプレーンヨーグルトを入れ、三温糖→インスタントドライイースト→塩→粉の順に加える。カードで全体を大きく混ぜ、粉気がなくなってきたら手で混ぜる。ひとまとまりになったら台に出し、生地を引きのばしながら 2 分こねる。

2. まだ生地にムラがある状態でいったん生地を広げる。バターを加え、引きのばすようにこねる。表面がなめらかになるまで 2 〜 3 分こねる。

3. **混ぜ込み** …… P.28「枝豆パン」の写真参照
台の上にオレンジピールの半量をおき、こね上がった生地を広げてその上に残りをおく。カードで生地を半分に切って重ね、軽く押さえてなじませる。同じように半分に切って重ねる作業を 10 回繰り返す。最後に軽くこねて全体をなじませる。

4. 生地をまとめる。表面の生地を下に入れ込むようにしてぴんと張らせ、下に集まった生地を指先でつまんでとじる。

5. **一次発酵** …… P.24 〜 25 参照

6. 生地を 8 等分し、手で丸め直し、下に入れ込むようにして表面をぴんと張らせる。準備した鍋に生地を入れる。このとき、中心に 1 個、周りに 7 個並べる。

7. **最終発酵** …… P.27 参照

8. 焼く前に米粉を茶こしでふり、190℃に予熱したオーブンで 28 分焼く。

ふわふわパン
Fluffy Bread　アップルリング

ふわふわパン
Fluffy Bread　ビッグメロンパン

ふわふわパン Fluffy Bread　アップルリング

直径 22cm のバーミキュラを使ってリング形にしてみました。
リング状にするために中心にストッパー代わりになるものをおいて焼きます。
ひと手間のようですが、ご家庭にあるもので簡単に作れるし、使うと焼き上がりが断然きれいです。

材料——22cm 鍋 1 台分

強力粉（春よ恋）——250 g

インスタントドライイースト
　　——小さじ 1/2

水 —— 100 g
牛乳 —— 80 g

三温糖 —— 12 g

塩 —— 4 g

バター（1cm 角に切る）—— 15 g

フィリング

りんご —— 1 個
バター —— 15 g
グラニュー糖 —— 25 g
レモン汁 —— 大さじ 1
レーズン —— 25 g
ラム酒 —— 大さじ 1
シナモンパウダー —— 小さじ 1/2

アイシング

粉糖 —— 適量
水 —— 適量

■ フィリングの作り方

① りんごは 8 等分のくし形にして皮と芯を取り、1 切れを 5 等分に切る。
② 鍋にバターを入れて中火にかけ、バターが溶けたらりんご、グラニュー糖、レモン汁を加えて炒める。
③ りんごがしんなりしたらレーズン、ラム酒、シナモンパウダーを加える。ひと混ぜし、ふたをして火を止めて 15 分ほどおく。
④ 途中で 1 度上下を返す。バットにあけて冷ましておく。

準備

鍋に放射状に切り込みを入れたオーブンシートを敷く。
—— 作り方 P.13 参照

☆ ラップやキッチンペーパーの芯を長さ 6 cm ほどに切ってアルミホイルを全体に巻き、外側にサラダ油を塗る（アルミホイルはできるだけ紙の内側まで、全体に巻くこと）。

作り方

1. フィリングを作る。…… 上記参照

2. 生地を作る。大ボウルに水と牛乳を入れ、三温糖→インスタントドライイースト→塩→粉の順に加える。カードで全体を大きく混ぜ、粉気がなくなってきたら手で混ぜる。ひとまとまりになったら台に出し、生地を引きのばしながら 2 分こねる。

3. まだ生地にムラがある状態でいったん生地を広げる。バターをのせて包み込み、引きのばすようにこねる。表面がなめらかになるまで 2〜3 分こねる。

4. 生地をまとめる。表面の生地を下に入れ込むようにしてぴんと張らせ、下に集まった生地を指先でつまんでとじる。

5. 一次発酵 …… P.24 〜 25 参照

6. 生地を取り出して、軽く丸めてとじ目を下にしておき、ぬれ布巾をかけて10分ベンチタイム*をとる。

7. 【混ぜ込み】
生地をめん棒で22cm四方にのばす。── a　フィリングの水分をキッチンペーパーで取って生地の上にまんべんなくのせる。生地の手前3cmはフィリングをのせずにあけておく。── b　向こう側からくるくると巻き、巻き終わりを下にしてまな板の上に移す。

※ きつく巻きすぎない方がきれいな見た目に焼き上がります。

8. 包丁で6等分にする。── c

※ まず真ん中で2等分に切ってからそれぞれを3等分するとよい。

9. 準備した鍋に **8** をリング状に並べる。中心に用意した芯をおく。── d

※ 直径4.5cm程度のセルクルがあればそちらでもよい。

10. 【最終発酵】 ……… P.27 参照

11. 190℃に予熱したオーブンで28分焼く。焼き上がって鍋から取り出し、粗熱が取れたらアイシングの材料をよく混ぜ合わせ、表面にかける。

【＊ベンチタイム】
一次発酵や分割後に、生地を休ませる時間を指します。通常は、乾燥しないようにぬれ布巾などをかけて10〜20分おきます。ちぎりパンのように、丸めるだけのパンなら不要ですが、アップルリングやシナモンロールのようにめん棒でのばすタイプのパンは、ベンチタイムをとることでのびがよくなり、成形しやすい生地になります。

43

ふわふわパン
Fluffy Bread # ビッグメロンパン

こんなに大きなメロンパン！

子どもたちに人気なのはもちろんですが、表面のクッキー生地の美味しさにはまる大人も続出！

普通サイズのメロンパンをきれいに作るのは意外と難しいのですが、お鍋で大きく焼くと実はこんなに簡単です。

材料——18cm鍋1台分

強力粉（春よ恋）…… 250 g

インスタントドライイースト
…… 小さじ1/2

┌ 水 …… 100 g
└ 牛乳 …… 80 g

三温糖 …… 12 g

塩 …… 4 g

バター（1cm角に切る）…… 15 g

クッキー生地

┌ バター（室温にもどす）…… 35 g
│ グラニュー糖 …… 25 g
│ 卵（溶いておく）…… 25 g
│ レモンの皮（すりおろし）…… 1個分
└ 薄力粉（ドルチェ）…… 100 g

グラニュー糖 …… 適量

■ クッキー生地の作り方

①ボウルにバターを入れて泡立て器でなめらかにし、グラニュー糖を加えてふんわりとするまで混ぜる。

②卵を少しずつ3回に分けて加えて混ぜ、分離しないようその都度しっか

りと混ぜ、レモンの皮も加える。

③粉をふるい入れ、ゴムべらで切るように混ぜる。

④粉が全体になじんだらラップに取り出し、手で円形に整えてからラップで包み、冷蔵庫で30分以上寝かせる（ここまで前日に用意してもよい）。

② ③ ④

※クッキー生地はフードプロセッサーでも作れます。その場合はバターとグラニュー糖をフードプロセッサーでなめらかになるまでよく混ぜ、卵、レモンの皮も順に加え、粉を加えたらひとまとまりになるまで撹拌します。

準備

鍋に放射状に切り込みを入れたオーブンシートを敷く。

—— 作り方 P.13 参照

作り方

1. クッキー生地を作る。……… 左ページ参照

2. パン生地を作る。大ボウルに水と牛乳を入れ、三温糖→インスタントドライイースト→塩→粉の順に加える。カードで全体を大きく混ぜ、粉気がなくなってきたら手で混ぜる。ひとまとまりになったら台に出し、生地を引きのばしながら2分こねる。

3. まだ生地にムラがある状態でいったん生地を広げる。バターをのせて包み込み、引きのばすようにこねる。表面がなめらかになるまで2〜3分こねる。

4. 生地をまとめる。表面の生地を下に入れ込むようにしてぴんと張らせ、下に集まった生地を指先でつまんでとじる。

5. 一次発酵 ……… P.24〜25 参照

6. クッキー生地をラップの間にはさみ、めん棒で直径22cmの円形にのばす。—— *a*

7. 生地を取り出し、丸め直す。とじ目を下にし、ラップから外した **6** のクッキー生地をのせ包む。—— *b*

　※ 完全には包み込めませんが、表面全体をおおい底に少しかかるくらいまで包めます。

8. 準備した鍋に入れ、グラニュー糖を表面全体にたっぷりとかける。カードで格子状に筋を入れる。—— *c*

9. 最終発酵 ……… P.27 参照

10. 最終発酵後オーブンに入れる前にカードで筋を入れ直し、190℃に予熱したオーブンで28分焼く。

ふわふわパン *Fluffy Bread* シナモンロール

コーヒーと一緒に食べたらとっても幸せ。冷めてしまったら軽く温めるとシナモンの香りも引き立ちます。
生地を巻く際に力を入れてきつく巻くと、焼いたときに中心がニョキッと飛び出てしまいます。
やさしい気持ちでふんわり作ってくださいね。

材料——18cm 鍋 1 台分

強力粉（春よ恋）…… 250 g

インスタントドライイースト
　　…… 小さじ 1/2

水 …… 100 g
牛乳 …… 80 g

三温糖 …… 12 g

塩 …… 4 g

バター（1cm 角に切る）…… 15 g

シナモンシュガー

シナモンパウダー …… 小さじ 1
グラニュー糖 …… 25 g

トッピング

クリームチーズ …… 30 g
バター …… 30 g
粉糖 …… 20 g

準備

鍋に放射状に切り込みを入れたオーブンシートを敷く。
　　—— 作り方 P.13 参照

作り方

1. 大ボウルに水と牛乳を入れ、三温糖→インスタントドライイースト→塩→粉の順に加える。カードで全体を大きく混ぜ、粉気がなくなってきたら手で混ぜる。ひとまとまりになったら台に出し、生地を引きのばしながら 2 分こねる。

2. まだ生地にムラがある状態でいったん生地を広げる。バターをのせて包み込み、引きのばすようにこねる。表面がなめらかになるまで 2〜3 分こねる。

3. 生地をまとめる。表面の生地を下に入れ込むようにしてぴんと張らせ、下に集まった生地を指先でつまんでとじる。

4. 【一次発酵】…… P.24〜25 参照

5. 生地を取り出し軽く丸めてとじ目を下にしておき、ぬれ布巾をかけて 10 分ベンチタイムをとる。

6. 【混ぜ込み】…… P.42「アップルリング」の写真参照
　生地をめん棒で 24cm 四方にのばす。シナモンシュガーの材料を混ぜ合わせ、生地の上にまんべんなくふる。生地の手前 3cm はあけておく。向こう側からくるくると巻き、巻き終わりを下にしてまな板の上に移す。

※ きつく巻きすぎない方がきれいな見た目に焼き上がります。

7. 包丁で 6 等分にする。

※ まず真ん中で 2 等分に切ってからそれぞれを 3 等分するとよい。

　準備した鍋に生地を *a* のように並べる。

8. 【最終発酵】…… P.27 参照

9. 190℃に予熱したオーブンで 28 分焼く。焼き上がって粗熱がとれてから、トッピングの材料をよく混ぜ合わせ表面に塗る。

ふわふわパン Fluffy Bread 豆乳黒糖くるみパン

鍋底に敷いた黒糖がキャラメリゼされる、アップサイドダウンタイプのパンです。
トップのカリカリ感とくるみの香ばしい香りが最大の魅力。
生地に豆乳を使うともっちりとしたやわらかさが生まれます。

材料——18cm鍋1台分

強力粉（春よ恋）……… 250 g
インストントドライイースト
　　……… 小さじ 1/2
三温糖 ……… 15 g
水 ……… 80 g
豆乳（無調整）……… 120 g
塩 ……… 4 g
太白ごま油 ……… 18 g

フィリング

　黒糖（顆粒）……… 30 g＋10 g
　くるみ ……… 50 g

準備

鍋に放射状に切り込みを入れたオーブンシートを敷く。
　—— 作り方 P.13 参照
☆オーブンシートの上に黒糖 10 g を散らす。
☆くるみは 150℃のオーブンで 15 分から焼きし、各 4 等分に
切る。

作り方

1. 大ボウルに水と豆乳を入れ、三温糖→インストントドライ
イースト→太白ごま油→塩→粉の順に加える。カードで全
体を大きく混ぜ、粉気がなくなってきたら手で混ぜる。ひ
とまとまりになったら台に出し、生地を引きのばしながら、
表面がなめらかになるまで 4 分こねる。

2. 生地をまとめる。表面の生地を下に入れ込むようにしてぴ
んと張らせ、下に集まった生地を指先でつまんでとじる。

3. 【一次発酵】 …… P.24 〜 25 参照

4. 生地を取り出して、軽く丸めてとじ目を下にしておき、ぬ
れ布巾をかけて 10 分ベンチタイムをとる。

5. 【混ぜ込み】 ……… P.42「アップルリング」の写真参照
生地をめん棒で 22cm 四方にのばす。黒糖 30 g とくるみ
を生地の上にまんべんなくのせる。生地の手前 3cm はフィ
リングをのせずにあけておく。向こう側からくるくると巻
き、巻き終わりを下にしてまな板の上に移す。
　※ きつく巻きすぎない方がきれいな見た目に焼き上がります。

6. 包丁で 6 等分にする。
　※ まず中心で 2 等分に切り、それぞれを 3 等分するとよい。

7. 準備した鍋に 6 を並べる。 ……… P.46 の写真参照

8. 【最終発酵】 ……… P.27 参照

9. 190℃に予熱したオーブンで 28 分焼く。焼き上がったら
すぐに取り出して、ひっくり返す。
　※ 熱い液体がこぼれることがあるので気をつけてください。

ふわふわパン *Fluffy Bread* ちぎりカレーパン

なぜか惹かれてしまうカレーパン。本来のように揚げて作るのはちょっと大変なので、
カリカリパン粉をのせた焼きカレーパン仕立てにしました。
生地には青汁、カレーにはパセリがたっぷりでヘルシーな印象に。
小さくちぎって食べられるので、ホームパーティにも喜ばれます。
生地に青汁を使っているので、イーストは温水で溶いてから加えてください。

材料——18cm 鍋 1 台分

青汁パン生地

強力粉（春よ恋）…… 250 g

インスタントドライイースト
…… 小さじ 1/2

温水 …… 小さじ 1

青汁ジュース …… 175 g

三温糖 …… 5 g

塩 …… 4 g

バター（1cm 角に切る）…… 15 g

キーマカレー

合い挽き肉 …… 160 g

玉ねぎ（みじん切り）
…… 1/2 個（80 g）

パセリ（葉先を粗みじん切り）
…… 1 枝（18 g）

サラダ油 …… 大さじ 1

カレー粉 …… 大さじ 1 と 1/3

トマトケチャップ …… 大さじ 2

塩 …… 適量

トッピング

ドライパン粉 …… 20 g

オリーブオイル …… 大さじ 3

米粉（打ち粉）…… 適量

■ キーマカレーの作り方

①フライパンにサラダ油をひいて玉ねぎを入れ、塩少々をふって炒める。
②玉ねぎが透き通ったら合い挽き肉を入れてさらに炒め、肉がぼろぼろになったらカレー粉、トマトケチャップを加え、塩で味を整える。
③火を止めてパセリを加え、バットに広げ冷ます。

準備

鍋に放射状に切り込みを入れたオーブンシートを敷く。
—— 作り方 P.13 参照

作り方

1. カレーを作る。…… 上記参照
2. 青汁パン生地を作る。インスタントドライイーストを温水に溶く。大ボウルに青汁を入れ、三温糖→イースト水→塩→粉の順に加える。カードで全体を大きく混ぜ、粉気がなくなってきたら手で混ぜる。ひとまとまりになったら台に出し、生地を引きのばしながら 2 分こねる。
   ※ 青汁ジュースはメーカーによって水分量が異なるので、生地の様子を見ながら量を微調整してください。
3. まだ生地にムラがある状態でいったん生地を広げる。バターをのせて包み込み、引きのばすようにこねる。表面がなめらかになるまで 2〜3 分こねる。
4. 生地をまとめる。表面の生地を下に入れ込むようにしてぴんと張らせ、下に集まった生地を指先でつまんでとじる。
5. 一次発酵 …… P.24〜25 参照
6. 生地を 8 分割して丸め直し、ぬれ布巾をかけて 10 分ベンチタイムをとる。

7. とじ目を上にして打ち粉をしたパンマットにおき、手で直径 10cm くらいの円形にする。── *a*　**1** の 1/8 量を中央にのせる。── *b*　周りの生地を持ち上げて包み込み、しっかりとつまんでとじる。── *c, d*　とじ目を下にして手のひらにおき、転がして形を整える。

8. 準備をした鍋に、中心に 1 個、周りに 7 個均等におく。

9. 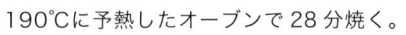 **最終発酵** ⟩ ‥‥‥ P.27 参照

10. 焼く前にトッピングの材料を混ぜ合わせてふる。── *e*　190℃に予熱したオーブンで 28 分焼く。

「バーミキュラ」でパンを焼く

第二章

French Country Bread
カンパーニュ

家庭製パンでは難しいと思っていた、
美しいクープのカンパーニュ。
バーミキュラを使えば、外側バリッ、中身ふんわり。
感動の味が実現します。

基本のカンパーニュの作り方
French Country Bread

材料 —— 18cm 鍋使用

強力粉（春よ恋）…… 200 g

全粒粉 …… 25 g

ライ麦粉 …… 25 g

インスタントドライイースト
　　…… 小さじ 1/2

水 …… 175 g

はちみつ …… 5 g

塩 …… 5 g

米粉（打ち粉、仕上げ用）…… 適量

1.

● 大ボウルに水を入れてはちみつ→インスタントドライイースト→塩→粉の順に加える。粉は合わせてふるいながら加える。

● カードで全体を大きく混ぜ、粉気がなくなってきたら手で混ぜる。

ひとまとまりになったら台に出し、ボウルをかぶせて10分おく。

※ホームベーカリーでこねる場合は、パンケースに材料を順に入れてセットし、2分間こねてスイッチを切り10分おいておき、その後2分間こねます。

2.

● 生地を引きのばすように1分こねる。生地のダマがなくなればよいので長くこねない。

● こね上がった生地をひとまとめにして表面を張らせてとじる。小ボウル（容量900ml）に入れラップ（または新品のシャワーキャップ）をする。

一次発酵

● オーブンの発酵機能などを使って、30～32℃の場所に90分おき、一次発酵させる。

55

3.

● バヌトン＊（直径20cm）にさらしを敷き、米粉を茶こしでたっぷりとふる。

● パンマットに打ち粉をふり、ボウルの内側に沿ってカードを差し入れ、側面に沿ってグルッと1周させて生地を取り出す。 生地を向こう側から中心を少し越えるくらいまで折る。角度を少しずらして同じように折り、生地を少しずつ重ねながら6回で1周し、ひと回り小さい円形にする。

● 上下左右をつまみ上げて丸く形を整える。手のひらにとって表面を張らせ、しっかりととじる。

4. 最終発酵

● とじ目を上にして準備したバヌトンに入れ、シャワーキャップをかける。30～32℃の場所に35分おき、最終発酵させる。

最終発酵の間にオーブンを250℃に予熱し、ふたをした鍋も一緒に入れて熱くしておく。

※バヌトンがない場合はざるで代用することもできます。さらしがなければガーゼや毛羽立ちの少ない布で代用してください。タオル地は避けてください。

最終発酵

5.

● オーブンシートを正方形に切り、バヌトンの上にのせ、板状のもの（大きめのトレイや段ボールを切ったもの）をのせてバヌトンごとひっくり返して生地を取り出す。

● さらしを取って、オーブンシートの四隅から対角に向けて生地の手前3cmくらいまでハサミで切り込みを入れる。

【＊バヌトン】

カンパーニュを最終発酵させるときに使う藤製のかごが「バヌトン」。この本では直径20cmのものを使用します。パンをきれいな丸形に成形し、程よく水分を蒸発させ、美しい網模様をつけてくれる便利アイテム。製菓製パン用品店で手に入ります。使用時は、かご内部を覆える大きさのさらしの布（またはガーゼ）を用意して敷き、その上に打ち粉をしてから生地を入れます。このとき、とじ目は上にします。取り出すときは、かごをひっくり返してから上のさらしを取ります。

6.

● 表面に米粉を茶こしでふり、ナイフで十字にクープ（切り込み）を入れる。

※クープはできるだけ上から下まで全体に
　長く入れます。

● オーブンシートごと鍋に入れ、鍋の縁から飛び出ているオーブンシートを切り取る。

● 鍋にふたをして250℃に予熱したオーブンに入れ10分焼き、ふたを取って10分焼く。温度を220℃に下げて10分焼く（焼き時間の合計は30分）。

※鍋とふたが熱くなっ
　ているので注意して
　作業してください。

カンパーニュ
French Country Bread

チーズカンパーニュ

カマンベールチーズを丸ごと包み込んで焼き上げた、大きなカンパーニュ。
パンとチーズがとろけ合う香りが、焼いている最中から広がって、もうたまらない……。
ワインのお供に、焼きたてをみんなでシェアして熱々をほおばって欲しいパンです（ただし、やけどにはご注意を！）。

材料 ——18cm 鍋 1 台分

- 強力粉（春よ恋）…… 200 g
- 全粒粉 …… 25 g
- ライ麦粉 …… 25 g

インスタントドライイースト
…… 小さじ 1/2

水 …… 175 g

はちみつ …… 5 g、塩 …… 5 g

フィリング

カマンベールチーズ …… 1 個

米粉（打ち粉、仕上げ用）…… 適量

作り方

1. 大ボウルに水を入れてはちみつ→インスタントドライイースト→塩→粉の順に加える。粉は合わせてふるいながら加える。カードで全体を大きく混ぜ、粉気がなくなってきたら手で混ぜる。ひとまとまりになったら台に出し、ボウルをかぶせて 10 分おく。

2. 生地を引きのばしながら 1 分こねる。生地のダマがなくなればよいので長くこねない。こね上がった生地をひとまとめにして表面を張らせてとじる。

3. **一次発酵** …… P.55 参照

4. バヌトン（直径 20cm）にさらしを敷き、打ち粉をたっぷりとふる。

5. パンマットに打ち粉をふり、ボウルの内側に沿ってカードを差し入れ、グルッと 1 周させて生地を取り出す。手で直径 20 cm の円形にのばす。中央にカマンベールチーズをのせ、周りの生地を持ち上げて全体を包み、しっかりととじる。—— *a・b・c*

6. とじ目を上にして準備したバヌトンに入れ、シャワーキャップをかける。

7. **最終発酵** …… P.56 参照

8. 最終発酵の間にオーブンを 250℃に予熱し、ふたをした鍋も一緒に入れて熱くしておく。

9. オーブンシートを正方形に切り、バヌトンの上にのせ、板状のもの（大きめのトレイや段ボールを切ったものがよい）をのせてバヌトンごとひっくり返して生地を取り出す。さらしを取って、オーブンシートの四隅から対角に向けて生地の手前 3 cm くらいまでハサミで切り込みを入れる。

10. 表面に米粉を茶こしでふり、ナイフで十字にクープ（切り込み）を入れる。このとき、チーズが見えるまで深く入れる。—— *d*　オーブンシートごと鍋に入れ、鍋の縁から飛び出ている紙を切り取る。

11. 鍋にふたをして 250℃に予熱したオーブンに入れ 10 分焼き、ふたを取って 10 分焼く。温度を 220℃に下げてさらに 10 分焼く（焼き時間の合計は 30 分）。

※ 鍋とふたが熱くなっているので注意して作業してください。

カンパーニュ
French Country Bread
チョコいちじくカンパーニュ

カンパーニュ
French Country Bread
セーグルフリュイ

カンパーニュ
French Country Bread
ミルフィーユ

カンパーニュ
French Country Bread

チョコいちじく カンパーニュ

チョコレートの種類はお好みで
ビターでもスウィートでも。
私はちょっと大人っぽく、
ビターを使うのが好きです。
仕上げのクープをこんなスタイルに
アレンジすることもできます。

材料——18cm 鍋 1 台分

```
┌ 強力粉（春よ恋）…… 200 g
│ 全粒粉 …… 25 g
└ ライ麦粉 …… 25 g
```

インスタントドライイースト
…… 小さじ 1/2

水 …… 175 g

はちみつ …… 5 g

塩 …… 5 g

フィリング

```
┌ チョコレート（粗くみじん切り）
│   …… 35 g
│ 白セミドライいちじく
└ （各 8 等分にする）…… 50 g
```

米粉（打ち粉、仕上げ用）…… 適量

作り方

1. 大ボウルに水を入れてはちみつ→インスタントドライイースト→塩→粉の順に加える。粉は合わせてふるいながら加える。カードで全体を大きく混ぜ、粉気がなくなってきたら手で混ぜる。ひとまとまりになったら台に出し、ボウルをかぶせて 10 分おく。

2. 生地を引きのばしながら 1 分こねる。生地のダマがなくなればよいので長くこねない。こね上がった生地をひとまとめにして表面を張らせてとじる。

3. **混ぜ込み** ——— P.28「枝豆パン」の写真参照
   台の上にチョコレートと白セミドライいちじくそれぞれ半量をおき、こね上がった生地を広げてその上に残りをおく。カードで生地を半分に切って重ね軽く押さえてなじませる。同じように半分に切って重ねる作業を 10 回繰り返す。

4. **一次発酵** ——— P.55 参照

5. バヌトン（直径 20cm）にさらしを敷き、米粉をたっぷりとふる。

6. パンマットに打ち粉をふり、生地を取り出す。生地を向こう側から中心を少し越えるくらいまで折る。角度を少しずらして同じように折り、生地を少しずつ重ねながら 6 回折って 1 周し、ひと回り小さい円形にする。
   上下左右をつまみ上げて丸く形を整える。手のひらにとって表面を張らせ、しっかりととじる。

7. とじ目を上にして準備したバヌトンに入れ、シャワーキャップをかける。

8. **最終発酵** ——— P.56 参照

9. 最終発酵の間にオーブンを 250℃ に予熱し、ふたをした鍋も一緒に入れて熱くしておく。

10. オーブンシートを正方形に切り、バヌトンの上にのせ、板状のものをのせてバヌトンごとひっくり返して生地を取り出す。さらしを取って、オーブンシートの四隅から対角に向けて生地の手前 3cm くらいまでハサミで切り込みを入れる。

11. 表面に米粉を茶こしでふり、ナイフで井げた状にクープ（切り込み）を入れる。オーブンシートごと鍋に入れ、鍋の縁から飛び出ている紙を切り取る。

12. 鍋にふたをして 250℃ に予熱したオーブンに入れ 10 分焼き、ふたを取って 10 分焼く。温度を 220℃ に下げてさらに 10 分焼く（焼き時間の合計は 30 分）。

※ 鍋とふたが熱くなっているので注意して作業してください。

カンパーニュ
French Country Bread
ミルフィーユ

切り口からフィリングがゴロゴロ出てきて
ボリュームいっぱい。サラダとスープを用意して、
ちょっとしたおもてなしにも活用できます。

材料——18cm 鍋 1 台分

┌ 強力粉（春よ恋）……200 g
│ 全粒粉……25 g
└ ライ麦粉……25 g

インスタントドライイースト
　　……小さじ 1/2

水 …… 175 g

はちみつ …… 5 g

塩 …… 5 g

フィリング

┌ かぼちゃ＊ …… 250 g
│ ベーコンブロック
│ 　（1.5cm 角に切る）…… 70 g
└ クリームチーズ …… 60 g

＊皮つきのまま 2 cm 角に切って耐熱容
　器に入れ、600 W の電子レンジで 3
　分加熱する。途中で 1 分ごとに取り
　出して混ぜ、手でつぶれるくらいや
　わらかくなったら取り出す。

米粉（打ち粉、仕上げ用）…… 適量

作り方

1. P.54 〜 55「基本のカンパーニュ」
　と同様に、工程 **1** 〜 **2** までを行う。

2. 一次発酵が終了した生地から
　150 g を取り分け、残りを計量
　して 3 分割する。軽く丸め直し、
　ぬれ布巾をかけ 10 分ベンチタイ
　ムをとる。パンマットに打ち粉をふり、めん棒で大きい生
　地を直径 20cm、小さい生地をそれぞれ 12cm の円形にの
　ばす。—— *a*

3. 小さい生地の上にフィリングを 3 等分してのせる。クリー
　ムチーズは手でちぎりながらのせる。

4. **3** を積み重ねる。上から大きい生地をかぶせ、一番下の生
　地とくっつける。—— *b・c・d*

5. バヌトンにさらしを敷き、米粉をたっぷりとふる。バヌトン
　に上からかぶせた生地が下になるように返して入れ、とじ目
　をもう一度指でつまんでしっかりととじる。シャワーキャップ
　をかける。—— *e*

6. P.56 〜 57「基本のカン
　パーニュ」の工程 **4** 〜 **6**
　までを同様に行う。

※ クープは入れません。

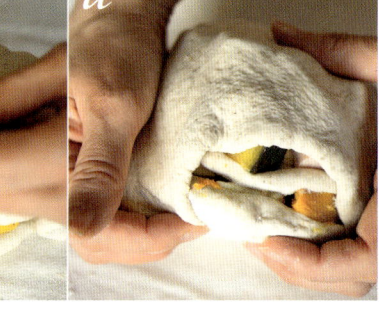

カンパーニュ
French Country Bread

セーグルフリュイ

セーグル（ライ麦粉）の個性を生かすように
配合と仕上げ用の粉を変えてあります。
ちょっと生地がベタつくけれど大丈夫。
セーグルの素朴な風味と酸味が絶妙で、
セーグル好きな方にもちょっと苦手な方にも。
リング状に成形して、22cmのお鍋に入れて
焼き上げるのがおすすめです。

材料──22cm鍋1台分

強力粉（春よ恋）────200g
ライ麦粉────50g
インスタントドライイースト
　────小さじ1/2
水────130g
プレーンヨーグルト────50g
はちみつ────5g
塩────4g

フィリング

ドライクランベリー（刻む）────50g
オレンジピール（刻む）────25g

米粉（打ち粉）────適量
ライ麦粉（仕上げ用）────適量

※バヌトンは使用しない。
※鍋の予熱は不要。

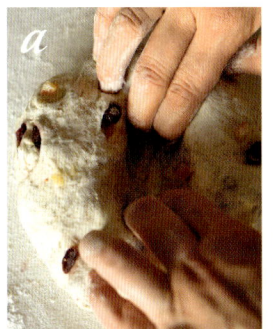

作り方

1. 大ボウルに水とヨーグルトを入れ、はちみつ→インスタントドライイースト→塩→粉の順に加える。粉は合わせてふるいながら加える。カードで全体を大きく混ぜ、粉気がなくなってきたら手で混ぜる。ひとまとまりになったら台に出し、ボウルをかぶせて10分おく。

2. 生地を引きのばしながら1分こねる。生地のダマがなくなればよいので長くこねない。

3. 混ぜ込み ──────P.28「枝豆パン」の写真参照
台の上にクランベリーとオレンジピールそれぞれ半量をおき、こね上がった生地を広げてその上に残りをおく。カードで生地を半分に切って重ね軽く押さえてなじませる。同じように半分に切って重ねる作業を10回繰り返す。こね上がった生地をひとまとめにして表面を張らせてとじる。

4. 一次発酵 ──────P.55参照

5. パンマットに打ち粉をふり、生地を取り出す。軽くまとめ、向こう側から中心を少し越えるくらいまで折る。角度を少しずらして同じように折り、生地を少しずつ重ねながら6回折って1周し、ひと回り小さい円形にする。上下左右をつまみ上げて丸く形を整える。手のひらにとって表面を張らせ、しっかりととじる。

6. とじ目を下にして正方形のオーブンシートにのせ、生地の中央に指で穴を開け、手で大きく広げてドーナツ形にする。──*a* セルクル（直径8cm）の外側に油（分量外）を塗り、中央の穴に入れる。──*b*
※ セルクルがない場合は、ボール紙を丸めてテープでとめ、アルミホイルをかぶせて代用できます（P.42参照）。
オーブンシートの四隅に切り込みを入れて、シートごと鍋の中に入れ、縁から飛び出ている紙を切り取る。

7. 最終発酵 ──────鍋に入れたまま発酵させる方法はP.27参照

8. 表面にライ麦粉を茶こしでふり、鍋にふたをして250℃に予熱したオーブンに入れ10分焼き、ふたを取って10分焼く。温度を220℃に下げてさらに10分焼く（焼き時間の合計は30分）。

※ 鍋とふたが熱くなっているので注意して作業してください。

「バーミキュラ」でパンを焼く

第三章
Focaccia Bread
フォカッチャ

実はこの本の中でいちばん簡単に作れるのが、フォカッチャ。
最終発酵は不要です。鍋がオリーブオイルの受け皿となって、
ふわふわ、サクサクに仕上がります。

基本のフォカッチャの作り方
Focaccia Bread

材料 —— 18cm 鍋使用

強力粉（春よ恋）…… 200 g
薄力粉（ドルチェ）* …… 50 g

インスタントドライイースト
…… 小さじ 1/2

水 …… 120 g
牛乳 …… 50 g

三温糖 …… 5 g

塩 …… 5 g

オリーブオイル …… 15 g

オリーブオイル …… 大さじ 1 × 4

1.

● 大ボウルに水と牛乳を入れ、そこにオリーブオイル→三温糖→インスタントドライイースト→塩→粉の順に加える。粉は合わせてふるい入れる。

● カードで全体を大きく混ぜ、粉気がなくなってきたら手で混ぜる。

※ホームベーカリーでこねる場合は、パンケースに材料を順に入れてセットし、4分間こねます。

【＊ドルチェ】
フォカッチャのレシピでは、メインとなる強力粉に加えて薄力粉を使います。薄力粉を入れるとサックリと歯切れのよいパンになります。この本で使用したのは、北海道産の薄力粉「ドルチェ」。粉の風味豊かで、味わいがよくなります。「ドルチェ」以外では「バイオレット」が手に入りやすく、おすすめです。

2.

● ひとまとまりになったら台に出し、生地を押し付けたり引きのばすようにしたりしながら2〜3分こねる。

● 生地が均一になり、全体がなめらかになったら生地をひとまとめにする。表面の生地を下に送って表面がなめらかになるように張らせ、とじる。

3.

● オーブンシートを正方形に切り、中心に生地をのせる。オーブンシートの四隅から対角に向けて生地の手前3cmくらいまでハサミで切り込みを入れる。

● オーブンシートごと鍋に入れ、鍋の縁から飛び出ているオーブンシートを切り取る。

4. {一次発酵}

● 発酵させる。鍋にふたをして弱火で3分加熱し、ヒートキーパーに40分入れる。

※ヒートキーパーがない場合は、厚手のタオルやブランケットでくるみます。底が熱くなっているので、こげ付きに注意してください。

{一次発酵}

5.

● 発酵の終わった生地にオリーブオイル大さじ1をかけて指で4か所穴を開け、開けた穴を中心にさらにオリーブオイル大さじ1をかける。

6.

● 230℃に予熱したオーブンに、ふたをしないで鍋ごと入れ、10分後に出してオリーブオイル大さじ1をかける。

● さらに6分たったらオーブンから出しオリーブオイル大さじ1をかける。

● 温度を190℃に下げて6分焼く（焼き時間の合計は22分）。

※鍋から取り出す際に熱いオイルがたれることがあるので、やけどに注意してください。

フォカッチャ
Focaccia Bread 焼き野菜のバルサミコ風味フォカッチャ

あこがれの野菜たっぷりフォカッチャも、鍋に入れればすぐに完成します。野菜はたっぷり彩りよくのせましょう。
おいしく仕上げるコツは、野菜をオリーブオイルでマリネしておくこと。
オイルをまぶすことで焼いている間の乾燥を防げます。焼いて旨みの凝縮された野菜がおいしい！

材料——18cm鍋1台分

強力粉（春よ恋）……200g
薄力粉（ドルチェ）……50g
インスタントドライイースト
……小さじ1/2
水……120g
牛乳……50g
三温糖……5g
塩……5g
オリーブオイル……15g

トッピング

なす（縦に7mm厚さに切る）
……3切れ
赤パプリカ（縦2cm幅に切る）
……3切れ
玉ねぎ（1cm厚さの輪切り）
……1切れ
紫キャベツ（1.5cm厚さのくし形
切り）……2切れ
れんこん（5mm厚さの輪切り）
……1切れ
ズッキーニ（5mm厚さの輪切り）
……1/3本分
塩・白こしょう・オリーブオイル
……各適量

オリーブオイル……大さじ1×3
バルサミコ酢……適量

作り方

1. 大ボウルに水と牛乳を入れ、オリーブオイル→三温糖→インスタントドライイースト→塩→粉の順に加える。カードで全体を大きく混ぜ、粉気がなくなってきたら手で混ぜる。

2. ひとまとまりになったら台に出し、2〜3分こねる。全体がなめらかになったらひとまとめにする。表面の生地を下に送るようにして表面を張らせ、とじる。

3. オーブンシートの中心に生地をのせる。オーブンシートの四隅から対角に向けて生地の手前3cmくらいまでハサミで切り込みを入れる。オーブンシートごと鍋に入れ、縁から飛び出しているオーブンシートを切り取る。

4. **一次発酵** ……P.68参照

5. トッピングの材料に、塩・白こしょう・オリーブオイルで下味をつけておく。

6. 発酵の終わった生地にオリーブオイル大さじ1をかけ、野菜を押し付けるようにしてバランスよくのせていく。このとき、生地にめり込むくらいギュッと押し付ける。——*a・b*
表面いっぱいになるまでのせ、オリーブオイル大さじ1をかけ、230℃に予熱したオーブンに、ふたをしないで鍋ごと入れる。

7. 10分焼いたら取り出してオリーブオイル大さじ1をかけ、さらに12分焼く。焼き上がって鍋から取り出したらバルサミコ酢をかける。

フォカッチャ
Focaccia Bread **キャベツ・アンチョビ・ガーリック**

キャベツをたっぷりのせたかったので、22cm のバーミキュラを使って生地を薄めに作ってみました。
こぼれ落ちそうなほどたくさんのキャベツをのせられるのも、お鍋で焼く醍醐味。
アンチョビの旨みと塩気、にんにくの香りがただよい、
程よく火が通ったキャベツの甘みをさらに引き立てます。

材料——22cm 鍋 1 台分

- 強力粉（春よ恋）……… 200 g
- 薄力粉（ドルチェ）……… 50 g

インスタントドライイースト
　　　……… 小さじ 1/2

- 水 ……… 120 g
- 牛乳 ……… 50 g

三温糖 ……… 5 g

塩 ……… 5 g

オリーブオイル ……… 15 g

トッピング

- キャベツ（大きめに手でちぎる）
　　　……… 1/8 個
- アンチョビフィレ（粗みじん切り）
　　　……… 2 枚
- にんにく（みじん切り）
　　　……… 小さじ 1/2
- 塩・白こしょう・オリーブオイル
　　　……… 各適量

オリーブオイル ……… 大さじ 1 × 3

作り方

1. 大ボウルに水と牛乳を入れ、オリーブオイル→三温糖→インスタントドライイースト→塩→粉の順に加える。カードで全体を大きく混ぜ、粉気がなくなってきたら手で混ぜる。

2. ひとまとまりになったら台に出し、2〜3分こねる。全体がなめらかになったらひとまとめにする。表面の生地を下に送るようにして表面を張らせ、とじる。

3. オーブンシートの中心に生地をのせる。手で押して大きめの平らにのばす。オーブンシートの四隅から対角に向けて生地の手前3cmくらいまでハサミで切り込みを入れる。オーブンシートごと鍋に入れ、縁から飛び出ているオーブンシートを切り取る。

4. 〔 **一次発酵** 〕……… P.68 参照

5. トッピングの材料を混ぜておく。

6. 発酵の後わった生地にオリーブオイル大さじ1をかけて4か所穴を開け、オリーブオイル大さじ1をかける。

7. 230℃に予熱したオーブンに、ふたをしないで鍋ごと入れる。

8. 10分焼いたら取り出し、トッピングをのせてオリーブオイル大さじ1をかけ、さらに12分焼く。

フォカッチャ
Focaccia Bread # クリームチーズとマンゴー

濃厚な甘みと香りが魅力のマンゴーを使ったパン。パン屋さんだったらきっとドライマンゴーを使うと思うけど、
せっかく手作りするのならフレッシュなものを入れたい。
今回は季節を問わない冷凍マンゴーを使用して、いいとこ取りをしました。
"売っていない味"っていいですよね。家庭製パンならではのよさが詰まっています。

材料——18cm 鍋 1 台分

- 強力粉（春よ恋）…… 200 g
- 薄力粉（ドルチェ）…… 50 g

インスタントドライイースト
…… 小さじ 1/2

- 水 …… 120 g
- 牛乳 …… 50 g

三温糖 …… 5 g

塩 …… 5 g

オリーブオイル …… 15 g

トッピング

- クリームチーズ …… 45 g
- 冷凍マンゴー（2cm 角）＊
  …… 75 g

＊マンゴーは凍ったままで OK です。
大きければ半解凍の状態にして切っ
てください。

オリーブオイル …… 大さじ 1 × 3

作り方

1. 大ボウルに水と牛乳を入れ、オリーブオイル→三温糖→インスタントドライイースト→塩→粉の順に加える。カードで全体を大きく混ぜ、粉気がなくなってきたら手で混ぜる。

2. ひとまとまりになったら台に出し、2 〜 3 分こねる。全体がなめらかになったらひとまとめにする。表面の生地を下に送るようにして表面を張らせ、とじる。

3. オーブンシートの中心に生地をのせる。オーブンシートの四隅から対角に向けて生地の手前 3 cm くらいまでハサミで切り込みを入れる。オーブンシートごと鍋に入れ、縁から飛び出ているオーブンシートを切り取る。

4. 一次発酵 …… P.68 参照

5. 発酵の終わった生地にオリーブオイル大さじ 1 をかけ、マンゴーが生地にかくれるまで押し込むようにのせる。クリームチーズは手でちぎりながらのせる。オリーブオイル大さじ 1 をかける。

6. 230℃に予熱したオーブンに、ふたをしないで鍋ごと入れる。

7. 10 分焼いたら取り出し、オリーブオイル大さじ 1 をかけ、さらに 12 分焼く。

フォカッチャ
Focaccia Bread おろし玉ねぎとローズマリー

生の玉ねぎには酵素が含まれているので生地がベタベタして扱いにくいのですが、
バーミキュラを使って焼けば、生地を触るのは最低限でOK。作業がしやすいので、ぜひ挑戦してください。
発酵後のふくらみが他のフォカッチャより小さいのも、酵素の仕業。
この小ささを生かしてこんがりカリッと焼けば、楽しいお酒のお供に。

フォカッチャ
Focaccia Bread ぶどうとバターの甘いフォカッチャ

フォカッチャは甘いアレンジが少ないけれど、それってもったいないですよね。
さらにアレンジを加えて、オリーブオイルの代わりにバターを使いました。
バターの香りにカリッとこげたお砂糖、ジューシーなぶどうの組み合わせは、いくつでも食べられそう。
温かいうちにチーズや生ハムと一緒に食べれば前菜風に。冷めてから食べても、しっとりとして美味です。

フォカッチャ
Focaccia Bread **おろし玉ねぎとローズマリー**

材料 ——18cm 鍋 1 台分

強力粉（春よ恋）…… 200 g
薄力粉（ドルチェ）…… 50 g

インスタントドライイースト
…… 小さじ 1/2

玉ねぎ＊ …… 100 g
水 …… 80 g

牛乳 …… 50 g

三温糖 …… 5 g

塩 …… 5 g

オリーブオイル …… 15 g

＊すりおろす、またはフードプロセッサー
　で細かく刻む。

トッピング

ローズマリー（葉を摘む）…… 2 枝分
塩（あれば粗塩や結晶塩）…… 適量

オリーブオイル …… 大さじ 1 × 4

作り方

1. 大ボウルに水、玉ねぎ、牛乳を入れ、オリーブオイル→三温糖→インスタントドライイースト→塩→粉の順に加える。カードで全体を大きく混ぜ、粉気がなくなってきたら手で混ぜる。

2. ひとまとまりになったら台に出し、2〜3分こねる。全体がなめらかになったらひとまとめにする。表面の生地を下に送るようにして表面を張らせ、とじる。

3. オーブンシートの中心に生地をのせる。手で押して大きめの平らにのばす。オーブンシートの四隅から対角に向けて生地の手前 3 cm くらいまでハサミで切り込みを入れる。オーブンシートごと鍋に入れ、縁から飛び出ているオーブンシートを切り取る。

4. **一次発酵** …… P.68 参照

5. 発酵の終わった生地にオリーブオイル大さじ 1 をかけて指で 10 か所穴を開け、ローズマリーの葉先と塩を散らす。開けた穴を中心にさらにオリーブオイル大さじ 1 をかける。

6. P.69「基本のフォカッチャ」の工程 6 と同様に焼く。

フォカッチャ
Focaccia Bread **ぶどうとバターの甘いフォカッチャ**

材料 ——18cm 鍋 1 台分

フォカッチャ生地

基本の生地 1 単位 …… P.66 参照

トッピング

ぶどう（半分に切り種を取る）
…… 9 粒
グラニュー糖 …… 小さじ 2

溶かしバター …… 50 g

作り方

1. 大ボウルに水と牛乳を入れ、オリーブオイル→三温糖→インスタントドライイースト→塩→粉の順に加える。カードで全体を大きく混ぜ、粉気がなくなってきたら手で混ぜる。

2. 上記「おろし玉ねぎとローズマリー」の工程 2〜4 までを同様に行う。

3. 発酵の終わった生地に溶かしバターの半量をかける。ぶどうの皮を上にして生地にかくれるまで押し込むようにのせる。残りの溶かしバターをかけ、グラニュー糖をまんべんなくふる。—— *a*

4. 230℃に予熱したオーブンに、ふたをしないで鍋ごと入れ、22 分焼く。

「バーミキュラ」でパンを焼く

第四章
Moist and Soft Bread
しっとりもちもち
ハードパン

これまでのパンよりも水分量が多く、みずみずしさともっちりした食感が魅力。

トロリとして扱いづらい生地ですが、バーミキュラがパン焼きをサポートしてくれます。

材料 ── 18cm 鍋使用

強力粉（春よ恋）…… 230 g
全粒粉 …… 20 g

インスタントドライイースト
…… 小さじ 1/2

水 …… 250 g

モルト* …… 1 g
水 …… 1 g

塩 …… 5 g

米粉（打ち粉）…… 適量

基本のしっとりもちもち
ハードパンの作り方
Moist and Soft Bread

1.

● 大ボウルに水 250 g を入れ、水 1 g で溶きのばしたモルト→インスタントドライイースト→塩→粉の順に加える。粉はふるいながら加える。

2.

● カードで全体を大きく、粉が見えなくなるまで混ぜる。生地はムラがあり、全体がザラザラした状態で終わらせること。

● 小ボウル（容量 900ml）に入れ、ラップ（または新品のシャワーキャップ）をする。

【＊モルト】

麦芽エキスのこと。この本では「EDEN 麦芽シロップ」を同量の水で溶いて使います。モルトは酵素を含み、小麦粉のでんぷんを分解してブドウ糖に変え、イーストのエサを作ります。ハード系のパンは素材の風味を生かすために糖分を添加せずに作るので、モルトが糖分に代わって発酵を助けるのです。また、モルトに含まれる麦芽糖は、パンに美味しそうな焼き色をつけ、香ばしさを引き出します。モルトが手に入らない場合は、はちみつ 5 g でも代用できます。

3. 〔一次発酵〕

● 一次発酵させる。冷蔵庫で約12時間お
き、生地がボウルの8分目になるまで発酵
させる。

※低温で時間をかけて発酵させることで、粉
　がしっかりと水を吸い、風味と旨みがアッ
　プします。

4.

● パンマットの上とボウルの表面に打ち粉
をふる。

※打ち粉が少ないと、マットに生地がくっ
　ついてしまいます。おしまずたっぷりふっ
　てください。

● 内側に沿ってカードを差し入れ、側面に
沿ってグルッと1周させボウルごと逆さま
にして自然に生地を取り出す。

5.

● 生地の四隅を少し広げ四角に整える。生地の下に手を入れて引き出すと角が出やすい。

● 形を整えた生地を上から1/3折り、下からも1/3折って三つ折りにする。

● そのまま右から1/3折り、再度右から折って三つ折りにする。

6. 〔最終発酵〕

● オーブンシートの中心にとじ目を下にして生地をのせる。オーブンシートの四隅から対角に向けて生地の手前3cmくらいまでハサミで切り込みを入れる。

● オーブンシートごと鍋に入れ、鍋の縁から飛び出ているオーブンシートを切り取る。

● 鍋にふたをしてごく弱火で3分加熱し、ヒートキーパーに20分入れる。

● ふたをしたまま250℃に予熱したオーブンに入れて10分焼き、ふたを取って10分焼く。温度を210℃に下げてさらに8分焼く（焼き時間の合計は28分）。

しっとりもちもち
ハードパン
Moist and Soft Bread　くるみ

今回ご紹介する「しっとりもちもちハードパン」は、生地をなるべくこねないで作ることが大事なポイント。
フィリングの混ぜ込みも、一次発酵後に行うことで、こね過ぎを防ぎます。
まずは、扱いやすいくるみでチャレンジしてみましょう。

材料 ——18cm 鍋 1 台分

- 強力粉（春よ恋）…… 230 g
- 全粒粉 …… 20 g

インスタントドライイースト
…… 小さじ 1/2

水 …… 250 g

- モルト …… 1 g
- 水 …… 1 g

塩 …… 5 g

フィリング

くるみ ＊ …… 50 g

＊ 150℃のオーブンで 15 分から焼きし、
粗く刻む。

打ち粉（米粉）…… 適量

作り方

1. 大ボウルに水 250 g を入れ、そこに水 1 g で溶きのばしたモルト→インスタントドライイースト→塩→粉の順に加える。粉はふるいながら加える。

2. カードで全体を大きく混ぜる。ムラがあり全体がザラザラした状態でも、粉が見えなくなれば OK。小ボウル（容量 900ml）に入れ、ラップ（またはシャワーキャップ）をする。

3. 一次発酵 …… P.82 参照
冷蔵庫で約 12 時間おき、生地がボウルの 8 分目になるまで発酵させる。

4. パンマットと生地の表面に打ち粉をたっぷりとふる。ボウルの内側に沿ってカードを差し入れ、側面に沿ってグルッと 1 周させ、ボウルごと逆さまにして自然に生地を取り出す。

5. 混ぜ込み
生地の下に手を入れて四隅を引き出し、四角形に整える。生地の手前 2/3 部分に、くるみの 2/3 量をのせ、上下の順にたたむ。—— *a・b・c*

6. 残りのくるみを左側から 2/3 部分にのせ、右側から 1/3 折り、再度右側から折って三つ折りにする。—— *d・e*

7. オーブンシートの中心にとじ目を下にして生地をのせる。オーブンシートの四隅から対角に向けて生地の手前 3 cm くらいまでハサミで切り込みを入れる。オーブンシートごと鍋に入れ、鍋の縁から飛び出ているオーブンシートを切り取る。

8. 最終発酵 …… P.83 参照
鍋にふたをしてごく弱火で 3 分加熱し、ヒートキーパーに 20 分入れる。

9. ふたをしたまま 250℃に予熱したオーブンに入れて 10 分焼き、ふたを取って 10 分焼く。温度を 210℃に下げて、さらに 8 分焼く（焼き時間の合計は 28 分）。

しっとりもちもち
Moist and Soft Bread ハードパン いちごホワイトチョコ

フレッシュないちごを入れたジューシーなパン。
皮のパリッと感とみずみずしい生地のコントラストが際立つ一品です。
混ぜ込み方はくるみのハードパンと同様。ホワイトチョコは市販の板チョコで OK です。
いちごの酸味とホワイトチョコのミルキーさがたまりません。日持ちがしないので、早めに食べきってくださいね。

材料——18cm 鍋 1 台分

強力粉（春よ恋）—— 230 g
全粒粉 —— 20 g
インスタントドライイースト
—— 小さじ 1/2
水 —— 250 g
モルト —— 1 g
水 —— 1 g
塩 —— 5 g

フィリング

いちご（5 mm 角に切る）—— 60 g
ホワイトチョコレート
（大きめに割る）—— 1 枚（45 g）

米粉（打ち粉）—— 適量

作り方

1. 大ボウルに水 250 g を入れ、そこに水 1 g で溶きのばしたモルト→インスタントドライイースト→塩→粉の順に加える。粉はふるいながら加える。

2. カードで全体を大きく混ぜる。ムラがあり全体がザラザラした状態でも、粉が見えなくなれば OK。小ボウル（容量 900ml）に入れ、ラップ（またはシャワーキャップ）をする。

3. 一次発酵 —— P.82 参照
   冷蔵庫で約 12 時間おき、生地がボウルの 8 分目になるまで発酵させる。

4. パンマットと生地の表面に打ち粉をたっぷりとふる。ボウルの内側に沿ってカードを差し入れ、側面に沿ってグルッと 1 周させ、ボウルごと逆さまにして自然に生地を取り出す。

5. 混ぜ込み —— P.85「くるみ」の写真参照
   生地の下に手を入れて四隅を引き出し、四角形に整える。生地の手前 2/3 部分に、いちごとホワイトチョコレートの 2/3 量をのせ、上下の順にたたむ。

6. 残りのフィリングを左側から 2/3 部分にのせ、右側から 1/3 折り、再度右側から折って三つ折りにする。

7. オーブンシートの中心にとじ目を下にして生地をのせる。オーブンシートの四隅から対角に向けて生地の手前 3 cm くらいまでハサミで切り込みを入れる。オーブンシートごと鍋に入れ、鍋の縁から飛び出ているオーブンシートを切り取る。

8. 最終発酵 —— P.83 参照
   鍋にふたをしてごく弱火で 3 分加熱し、ヒートキーパーに 20 分入れる。

9. ふたをしたまま 250℃に予熱したオーブンに入れて 10 分焼き、ふたを取って 10 分焼く。温度を 210℃に下げて、さらに 8 分焼く（焼き時間の合計は 28 分）。

87

ドライフィグと黒こしょう

しっとりもちもち
Moist and Soft Bread ハードパン
さつまいもとブルーチーズ

さつまいもの甘味とブルーチーズの塩味、さらに独特の風味が加わって……。
「ワインください！」と声をあげてしまいそうなおつまみパンです。
ブルーチーズが苦手な場合は、レッドチェダーチーズにしても合います。

材料 ——18cm 鍋 1 台分

強力粉（春よ恋）…… 230 g
全粒粉 …… 20 g
インスタントドライイースト
…… 小さじ 1/2
水 …… 250 g
モルト …… 1 g
水 …… 1 g
塩 …… 5 g

フィリング

さつまいも ＊ …… 120 g
ブルーチーズ（1cm 角に切る）
…… 30 g

＊皮ごと 1cm 角に切り電子レンジ 600 W
で 1 分半加熱する。

米粉（打ち粉）…… 適量

ドライフィグと黒こしょう

パンのフィリングとして定番の
ドライフィグですが、
黒こしょうと合わせることで
大人の雰囲気に。
粒の黒こしょうをつぶして使うと
風味がより深まり、スパイシーに！

材料と作り方

＊「さつまいもとブルーチーズ」と同様
に生地を作り、一次発酵を行う。工
程 5 混ぜ込み のフィリングを白セ
ミドライいちじく（1 個を 16 等分
に切る）50 g と粗挽き黒こしょう
小さじ 1/2 に替える。

＊同様に最終発酵させ、焼き上げる。

作り方

1. 大ボウルに水 250 g を入れ、そこに水 1 g で溶きのばし
たモルト→インスタントドライイースト→塩→粉の順に加
える。粉はふるいながら加える。

2. カードで全体を大きく混ぜる。ムラがあり全体がザラザラ
した状態でも、粉が見えなくなれば OK。小ボウル（容量
900ml）に入れ、ラップ（またはシャワーキャップ）をする。

3. 一次発酵 …… P.82 参照
冷蔵庫で約 12 時間おき、生地がボウルの 8 分目になるま
で発酵させる。

4. パンマットと生地の表面に打ち粉をたっぷりとふる。ボウ
ルの内側に沿ってカードを差し入れ、側面に沿ってグルッ
と 1 周させ、ボウルごと逆さまにして自然に生地を取り出
す。

5. 混ぜ込み …… P.85「くるみ」の写真参照
生地の下に手を入れて四隅を引き出し、四角形に整える。
生地の手前 2/3 部分に、さつまいもとブルーチーズの 2/3
量をのせ、上下の順にたたむ。

6. 残りのフィリングを左側から 2/3 部分にのせ、右側から
1/3 折り、再度右側から折って三つ折りにする。

7. オーブンシートの中心にとじ目を下にして生地をのせる。
オーブンシートの四隅から対角に向けて生地の手前 3 cm
くらいまでハサミで切り込みを入れる。オーブンシートご
と鍋に入れ、鍋の縁から飛び出ているオーブンシートを切
り取る。

8. 最終発酵 …… P.83 参照
鍋にふたをしてごく弱火で 3 分加熱し、ヒートキーパーに
20 分入れる。

9. ふたをしたまま 250℃に予熱したオーブンに入れて 10 分
焼き、ふたを取って 10 分焼く。温度を 210℃に下げて、
さらに 8 分焼く（焼き時間の合計は 28 分）。

しっとりもちもち
Moist and Soft Bread
ハードパン
抹茶と大納言

みずみずしくもっちりとした食感の生地に、抹茶の風味と小豆の上品な甘さが加わり、和菓子のようなパン。
しっとりもちもちハードパンの新たなおいしさが味わえます。
大納言甘納豆の代わりに栗の渋皮煮を刻んで混ぜるのもおすすめです。

トマトとサラミ

しっとりもちもち
Moist and Soft Bread ハードパン
コーンとフライドオニオン

コーンの甘ーい香りがキッチンいっぱいに広がり、幸せな気分になるレシピ。
生地の水分にクリームコーンの缶詰を使っているので、これまでの生地に比べて混ざりにくくなります。
混ぜる回数を増やさず、切って重ねるテクニックで生地をまとめましょう。

しっとりもちもち ハードパン
Moist and Soft Bread　**抹茶と大納言**

材料——18cm 鍋 1 台分

強力粉（春よ恋）……… 230 g
全粒粉 ……… 20 g
抹茶 ……… 5 g
インスタントドライイースト
　……… 小さじ 1/2
水 ……… 250 g
モルト ……… 1 g
水 ……… 1 g
塩 ……… 5 g

フィリング
大納言甘納豆 ……… 75 g

米粉（打ち粉）……… 適量

作り方

1. 強力粉、全粒粉、抹茶を合わせておく。大ボウルに水 250 g を入れ、そこに水 1 g で溶きのばしたモルト→インスタントドライイースト→塩→粉類の順に加える。粉類はふるいながら加える。

2. カードで全体を大きく混ぜる。ムラがあり全体がザラザラした状態でも、粉が見えなくなれば OK。小ボウル（容量 900ml）に入れ、ラップ（またはシャワーキャップ）をする。

3. {**一次発酵**} ……… P.82 参照
冷蔵庫で約 12 時間おき、生地がボウルの 8 分目になるまで発酵させる。

4. パンマットと生地の表面に打ち粉をたっぷりとふる。ボウルの内側に沿ってカードを差し入れ、側面に沿ってグルッと 1 周させ、ボウルごと逆さまにして自然に生地を取り出す。

5. {**混ぜ込み**} ……… P.85「くるみ」の写真参照
生地の下に手を入れて四隅を引き出し、四角形に整える。生地の手前 2/3 部分に、大納言甘納豆の 2/3 量をのせ、上下の順にたたむ。

6. 残りのフィリングを左側から 2/3 部分にのせ、右側から 1/3 折り、再度右側から折って三つ折りにする。

7. オーブンシートの中心にとじ目を下にして生地をのせる。オーブンシートの四隅から対角に向けて生地の手前 3 cm くらいまでハサミで切り込みを入れる。オーブンシートごと鍋に入れ、鍋の縁から飛び出ているオーブンシートを切り取る。

8. {**最終発酵**} ……… P.83 参照
鍋にふたをしてごく弱火で 3 分加熱し、ヒートキーパーに 20 分入れる。

9. ふたをしたまま 250℃に予熱したオーブンに入れて 10 分焼き、ふたを取って 10 分焼く。温度を 210℃に下げて、さらに 8 分焼く（焼き時間の合計は 28 分）。

しっとりもちもち ハードパン
Moist and Soft Bread **コーンとフライドオニオン**

材料——18cm 鍋 1 台分

┌ 強力粉（春よ恋）…… 230 g
└ 全粒粉 …… 20 g
インスタントドライイースト
　　…… 小さじ 1/2
クリームコーン缶 …… 190 g
水 …… 100 g
┌ モルト …… 1 g
└ 水 …… 1 g
塩 …… 5 g

フィリング
　フライドオニオン（市販品）
　　…… 30 g

米粉（打ち粉）…… 適量

トマトとサラミ

**水分を替えるだけで、簡単に
トマト色のパンが焼き上がります。
トマトジュースは必ず
食塩無添加のものを選んでください。**

材料と作り方

＊最初に大ボウルにトマトジュース
150 g と水 100 g、グラニュー糖
15 g を入れ、「コーンとフライドオ
ニオン」の工程 **1** の 2 行目以降と同
様に生地を作る。

＊工程 **5** の 混ぜ込み のフィリング
を粗みじん切りのサラミ 50 g と粗
挽き黒こしょう小さじ 1/2 に替える。

＊同様に最終発酵させ、焼き上げる。

作り方

1. 大ボウルにクリームコーン缶と水 100 g を入れ、そこに水 1 g で溶きのばしたモルト→インスタントドライイースト→塩→粉の順に加える。粉はふるいながら加える。

2. カードで全体を大きく混ぜる。生地が混ざりにくいので、ある程度混ざったら生地を半分に切って重ねる作業を繰り返してなじませる（できるだけこねたくないので 10 回以内で済ませること）。小ボウル（容量 900ml）に入れ、ラップ（またはシャワーキャップ）をする。

3. 一次発酵 …… P.82 参照
冷蔵庫で約 12 時間おき、生地がボウルの 8 分目になるまで発酵させる。

4. パンマットと生地の表面に打ち粉をたっぷりとふる。ボウルの内側に沿ってカードを差し入れ、側面に沿ってグルッと 1 周させ、ボウルごと逆さまにして自然に生地を取り出す。

5. 混ぜ込み …… P.85「くるみ」の写真参照
生地の下に手を入れて四隅を引き出し、四角形に整える。生地の手前 2/3 部分に、フライドオニオンの 2/3 量をのせ、上下の順にたたむ。

6. 残りのフィリングを左側から 2/3 部分にのせ、右側から 1/3 折り、再度右側から折って三つ折りにする。

7. オーブンシートの中心にとじ目を下にして生地をのせる。オーブンシートの四隅から対角に向けて生地の手前 3 cm くらいまでハサミで切り込みを入れる。オーブンシートごと鍋に入れ、鍋の縁から飛び出ているオーブンシートを切り取る。

8. 最終発酵 …… P.83 参照
鍋にふたをしてごく弱火で 3 分加熱し、ヒートキーパーに 20 分入れる。

9. ふたをしたまま 250℃に予熱したオーブンに入れて 10 分焼き、ふたを取って 10 分焼く。温度を 210℃に下げて、さらに 8 分焼く（焼き時間の合計は 28 分）。

パン焼きで困ったら……？

パンを作る上でよく寄せられるご質問と答えをまとめました。
思ったように焼けないときや、作り方で疑問に思うことがあったとき、役立ててもらえたらうれしいです。

Q なかなか一次発酵が進まず、生地がふくらまない！

A 発酵が進まない理由は、3つ考えられます。

①イーストが古い。

イーストは湿気や高温に弱いので、密閉して冷蔵庫で保管し、1〜2か月で使い切ってください。

②温度が低すぎる、または高すぎる。

イースト菌が最も活発に活動して、発酵が進む温度は30〜32℃です。これより温度が低いと発酵はゆっくりになり、逆に温度が上がって60℃以上になるとイースト菌が死滅して働かなくなります。また「しっとりもちもちハードパン」の冷蔵庫での長時間発酵（オーバーナイト）が進まない場合は、室温や水温、冷蔵庫の温度が低すぎる可能性があります。右記の「こね上げ生地温」を参考に素材の温度を調整し、冬など室温が低い季節は発酵前に1時間ほど室温に出して、酵母を活性化してから冷蔵庫に入れると、スムーズにふくらみます。

③イーストの分量が少ない。

この本では失敗が少なく、粉の風味を感じられる「小さじ1/2」（約1.5g）でレシピを作っています。きっちりと小さじまたはスケールで計量して作ってみてください。

Q 発酵に適した温度があるなら、こねる前の素材の温度も調整するべき？

A 季節によって室温や水温が異なるので、くみたての水道水とキッチンの小麦粉でおもむろにパンをこね始めると、レシピ通りに発酵しない場合もあります。

製パン用語には「こね上げ生地温」という言葉があり、生地をこねたあとの温度を指します。粉や水の温度を調整して、季節を問わずイーストが活動しやすい環境を作るのです。

ふわふわパンとフォカッチャは28℃、カンパーニュとしっとりもちもちハードパンは23℃。材料をこねる前に、[3×こね上げ生地温]－[室温＋粉の温度]で水の温度を計算し、温めたり冷やしたりすることで調整するのがベストです。

たとえば、ふわふわパン（こね上げ生地温28℃）を作るとき、室温が25℃、粉は室温に出していて25℃だったとします。[3×28]－[25＋25]＝34。水と牛乳を合わせて34℃にしてこね始めればOKです。

毎回計算するのは面倒という方のために、P.15の基本材料のところでも、水の温度のおおよその目安にふれましたので、ぜひ参考にしてください。

Q ふわふわパンとカンパーニュの一次発酵の温度管理は、どうしたらいいの？

A ふわふわパンとカンパーニュは、30〜32℃で90分間一次発酵させます。夏だったら、室温でOK。真夏日などは、部屋の中の涼しいところにおきましょう。室温が低い時期は、オーブンの発酵機能（弱設定で30〜32℃）に入れるか、ホットカーペットや電気毛布の上にのせるのがおすすめ。パン生地は乾燥に弱いので、ラップやシャワーキャップ（新品）を忘れずにかぶせてください。